ABORDAGEM EM VENDAS

Agradecimentos.

Gostaria de agradece ao meus parceiros, amigos e clientes que acompanham e incentivam meu trabalho, por entenderem o quanto eu me dedico a fazer o melhor para todos.

Agradecer à Igor, Isis e Isadora, meus filhos que nesta vida me apoiaram e suportaram de alguma forma meu trabalho, meu jeito de ser e minhas dificuldades em interação e atenção.

Agradecimento a Sandra Lima, que ao meu convite, de pronto aceitou participar deste projeto como revisora e tradutora. Quando eu convidei, não sabia o quão importante ela seria para a realização desse projeto e o quão acertado foi minha escolha.

Sumário

ETAPA 04

Ao contrário do que muitos podem imaginar, a arte de vender não é um dom divino que foi oferecida para poucos mortais, vender é uma habilidade e como todas as habilidades, podem ser adquiridas. Conhecer ferramentas e técnicas de vendas é fundamental para um bom vendedor e para empreendedores, saber adapta-las ao seu trabalho, sua realidade e suas necessidades também é importante.

Parabéns por estar lendo este livro.

Isso significa que você está buscando se especializar e se destacar no mercado, demonstra que você quer melhorar seus resultados de vendas, você está no caminho certo.

E essa é uma busca que você deve sempre fazer. Invista sempre em você e em sua capacitação, isso faz total diferença em um mercado cada vez mais competitivo e muitas vezes injusto.

É muito fácil vender quando não se está em crise ou quando se tem um mercado aquecido, isso geralmente cria profissionais acomodados e despreparados, em muitos casos eles não conseguem ver o quanto está perdendo de dinheiro até passar a ter algum tipo de problema.

Muitos profissionais são mais arrojados e isso quer dizer que, mesmo estando bem, buscam sempre melhorar, isso garante se destacar no mercado e se preparar melhor para lidar com os problemas externos, como crises comerciais ou financeiras.

Mas, se realmente quer melhorar seus resultados e performance de suas vendas, você precisa mudar sua estratégia de vendas.

Vamos entender que:

Venda é um processo com várias etapas e que a abordagem é uma dessas etapas no processo de vendas, por isso ela está sendo estudada neste livro de forma separada.
Abordagem não é um ato e sim, uma ferramenta incrível e extremamente poderosa para nossas vendas.

O resultado e qualidade de suas vendas dependem diretamente das estratégias que você usa.

Que a abordagem é uma ferramenta poderosa para desenvolver estratégias eficientes de vendas.

Quais são os principais erros que você pode cometer no processo de abordagem e como esses erros destroem suas vendas?

Você será capaz de criar estratégias eficientes de vendas entendendo o processo de abordagem, suas etapas, modelos, erros e estratégias.

A abordagem é uma ferramenta poderosa para envolver o cliente e direcioná-lo até a compra.

Nossa meta não é vender, você deve conquistar o cliente.

ABORDAGEM EM VENDAS

1. O Cliente Custa Caro.

Um dos maiores erros cometidos no processo de vendas por todos os vendedores, lojistas, profissionais liberais e empresários é não entender que o cliente custa caro.

O cliente não chegou até você do nada.

Você paga aluguel, funcionários, luz, água, Internet, condomínio, marketing, uma série de impostos, taxas e investimentos todos os meses.

Isso quando você é empresário, que tem a maioria destas despesas, e mesmo que você não tenha algumas delas, mesmo que você trabalhe em casa, sozinho, no seu quarto ou na garagem, você gasta sua saúde, tempo de qualidade com seus filhos, sua família, deixa de fazer e viver muitas coisas para trazer aquele cliente até você.

Esses também são gastos que você tem quando é funcionário, seu tempo de qualidade, acordar cedo, enfrentar ônibus lotado, mau humor de chefes e de clientes.

Isso agrava quando você ganha comissão sobre as vendas, é a comissão que faz a diferença no final do mês, é ela que vai realizar seus sonhos, aquela viagem no feriado, a roupa nova que você está namorando ou a festa de natal que você quer fazer, aquela festa muito maior que a festa que você fez o ano passado, uma festa melhor do que a da sua amiga chata que você quer esfregar na cara dela que a sua foi melhor.

Imagina o tempo que você perdeu atendendo um cliente e não fechou a venda.

Sim, o cliente custa caro e com isso em mente você vai trabalhar a partir de agora, não para vender e sim, para não perder clientes.

A meta é conquistar o cliente.

Vamos focar na performance em nossas vendas.

Bem, este texto foi cuidadosamente criado para você entender a importância de não perder vendas e de fazer o máximo para conquistar o cliente.

E essa vai ser a essência de nosso livro, nada de informações genéricas sobre abordagem, nosso trabalho é criar estratégias eficientes para conquistar o cliente.

2. Cliente 4.0

O mercado mudou, a forma de nos comunicarmos e nos relacionarmos mudou, somos escravos hoje de tecnologias que não existiam há 10 anos, se, por exemplo, o WhatsApp e Instagram pararem, todo o mercado para, sem essas ferramentas você terá muito mais dificuldade de atingir o cliente.

O mercado mudou e consequentemente, nosso cliente também mudou.

Hoje, temos clientes cada vez mais conectados e informados, uma preocupação grande para a equipe de marketing e para outras etapas do processo de vendas, no nosso caso, a Abordagem. É preciso saber que o cliente quando chega até você, ele sabe muito sobre você, seu produto, já tem uma bagagem de informações, já pesquisou o seu produto na internet, viu você e seus concorrentes, fez uma comparação entre vocês, pesquisou preços e diferenciais, já buscou informações sobre você, seu produto e atendimento.

E você sabe muito pouco sobre o cliente. Te deixando em uma posição de desvantagem nessa guerra.

Você precisa reverter essa desvantagem e obter mais informações sobre seu cliente e existem várias ferramentas para te ajudar, a abordagem é uma delas.

3. Como Usar o Livro?

Este livro faz parte da coletânea "Vendas 4.0 – Ferramentas de Vendas para o novo mercado".

Nesta coleção temos uma seleção com as melhores e mais poderosas ferramentas e técnicas de Coaching, Neuroprogramação e PNL aplicadas nas vendas e utilizadas pelas maiores empresas e profissionais do mundo inteiro.

Cada livro abordará de forma completa as principais ferramentas, técnicas e estratégias de vendas, de uma maneira direta, mostrando como é simples usar essas ferramentas.

A Venda é um processo com várias etapas onde você deve utilizar técnicas, ferramentas e estratégias eficientes para chamar a atenção do cliente, despertar o seu desejo, quebrar objeções e fazer ele efetuar suas compras.

Neste livro vamos falar sobre Abordagem, uma das ferramentas mais importantes do processo de vendas.

Este livro é dividido em quatro etapas onde na primeira falamos do conteúdo do livro. Na segunda etapa, vamos entender o que realmente é a Abordagem e seus modelos. Na terceira etapa vamos conhecer os maiores erros no processo da Abordagem e como esses erros estão prejudicando nossas vendas todos os dias e na quarta etapa, vamos conhecer algumas ferramentas e técnicas que podemos usar em nossas abordagens e como podemos criar uma estratégia de venda mais eficiente e poderosa.

O ponto mais importante nesse livro é entender que serve para quem vende produtos físicos, digitais, para profissionais que prestam serviços, autônomos ou para desenvolvimento de marcas.
Quando falamos "Produto", deve ser entendido que serve para serviços, marcas ou para o trabalho que você oferece ao seu cliente.

Fique à vontade para compartilhar comigo por minhas redes sociais, suas experiências e insigths que você teve com este conteúdo, mandem seus prints, fotos e mensagens, vou adorar receber seu feedback.

4. Para quem serve?

O conteúdo deste livro é direcionado para você que faz atendimento direto e pessoal ao cliente.

Vendedor de loja ou de balcão, consultor, atendente, gerente, garçom, profissionais de serviços como salão de beleza, clínicas médicas e todos os profissionais que fazem contato direto com o cliente.

Você que é empresário, autônomo, profissional liberal ou funcionário.

Todos os profissionais que pretendem melhorar seus resultados nas vendas, criar estratégias eficientes de vendas e tem o foco em encantar e conquistar o cliente.

5. Exercícios

Ao final de cada parte do livro teremos exercícios muito importantes e poderosos que vão ajudar você no entendimento do conteúdo e no desenvolvimento de estratégias eficientes que vão transformar suas vendas.

O QUE É ABORDAGEM

6. A Venda

Como é insanamente falado em todos os meus treinamentos, cursos, mentorias e livros, a Venda não é somente um ato de pagar por um produto, é um processo com várias etapas onde o Cliente viaja de um estágio para outro e a abordagem está dentro deste processo e faz a diferença na decisão de compra do nosso cliente.

A venda é uma troca de valores!

Existem valores que nossos clientes buscam e outros valores que são completamente subjetivos e psicológicos, ou seja, em muitos casos nossos clientes nem sabem que valores são esses, mas são esses valores que fazem a definição de compra.

Entre esses valores um muito importante é a Credibilidade.

Confiança é o fator decisivo em uma compra, você não consome um produto de alguém em quem você não confia.

Imagina um cheeseburger, lindo, cheiroso, macio, suculento e muito bem apresentado.

Você comeria depois de ter visto uma barata na parede da cozinha? Ou depois de ver um talher cair no chão e não ser lavado? Bichos na salada, que tal?

Tá, você não come carne, ok, vamos dar outro exemplo.

Você certamente hesitaria em comprar um eletrônico que poderia ser roubado, ou de marca de baixa durabilidade, comprar uma roupa que na primeira lavagem na máquina perderia a cor, mancharia ou se rasgasse.

Os exemplos são muitos e o mais importante é entender que a credibilidade é um valor fundamental e isso independe do tipo de produto ou serviço que você oferece.

O nosso cliente não vai comprar com você se não se sentir seguro ou se você não demonstrar credibilidade.

Credibilidade é algo que vende você, é o que vende o seu produto ou serviço para você, é o que faz o sucesso de sua marca.

E o mais importante, Credibilidade é uma percepção do nosso cliente, ela pode ser construída na Abordagem ou destruída em um mau atendimento ao cliente.

É na abordagem que tiramos o cliente do modo Venda e o colocamos no modo compra, totalmente encantado.

Por outro lado, é na abordagem que perdemos a maioria dos clientes. Em uma pesquisa realizada por entidades oficiais, o preço e a qualidade do produto dividem o primeiro lugar na hora da definição da compra, mas o mau atendimento é unânime e de longe o primeiro lugar no fator de rejeição da marca, produto ou serviço pelo cliente.

Ou seja, não adianta ter o melhor produto, loja, ambiente, preço ou marketing se você falha na abordagem e atendimento ao cliente.

7. Abordagem

Processo, processo, processo e processo.

Repare que a palavra processo é constantemente repetida e isso não é atoa. Vamos sempre falar em processo de abordagem, e é aqui que a mágica acontece, você precisa entender que abordagem não é um ato e sim um processo e que tem etapas, quando você entende essa diferença e passa a conhecer as etapas, tudo fica mais fácil e seus resultados se transformam.

É na abordagem que temos a oportunidade de fazer o cliente focar em valores do nosso produto e não no preço.

É na abordagem que podemos destacar nosso produto dos concorrentes e fidelizamos o cliente.

É na abordagem que quebramos as objeções dos nossos clientes.

Ao contrário do que muitos imaginam, a abordagem não é só o momento que o nosso cliente entra na loja e você começa o atendimento, isso é sim uma abordagem, mas não é só isso, essa não é a única abordagem.

Existem várias abordagens ao cliente e diversos tipos de atendimentos que podemos exercer.

Abordagem é todo e qualquer contato da sua marca, produto ou serviço com o seu cliente, podendo ser abordagem pessoal ou impessoal.

O marketing é um tipo de abordagem, impessoal, por exemplo.

- Exemplos de Abordagens Impessoais.
- Facebook
- Instagram
- Youtube
- Redes sociais
- Vitrine
- Cartão de visita
- Panfleto
- Matéria em revistas e jornais
- Entrevistas
- Identidade visual
- Whatsapp
- Telemarketing
- Ligação telefônica
- Indicação de conhecido

E as abordagens pessoais podemos citar como exemplo:

- Palestras
- Eventos
- Atendimento Pessoal
- Visita ao Cliente
- Atendimento na loja
- Ambiente
- Higiene
- Banheiro
- Vestimentas de equipe
- E a própria equipe de trabalho

Esses são exemplos de abordagens.

Quando falamos de Instagram, é um exemplo de abordagens que são recentes e mostra que precisamos ficar atentos às mudanças do mercado, sempre que houver uma novidade ou revolução de mercado ou social, devemos estudar as possibilidades de tirar benefícios e analisar se pode ser uma possível ferramenta de venda para   nosso   produto.

Ou seja, sim, pode sim haver várias abordagens (ou primeiras abordagens) ao mesmo cliente.

Imagine que seu cliente está na internet e depara com seu anúncio ou qualquer outro tipo de marketing que você disponibiliza, e essa foi a primeira vez que seu cliente ficou sabendo da sua existência, essa foi uma abordagem ao seu cliente e neste caso, uma primeira abordagem, abordagem impessoal.

Você despertou o interesse dele pelo seu produto, ele vai buscar mais informações suas, chegando ao Instagram.

Sim, outra abordagem da sua marca, novamente uma primeira abordagem, ao mesmo cliente.

Note que nesse exemplo você fez uma abordagem eficiente, o marketing foi bem feito e realizou o que se esperava, atrair a atenção do cliente.

Você também quebrou algumas objeções do cliente, a de não conhecer sua marca e de se interessar sobre você.

Se não despertar o interesse o cliente não compra seu produto ou não compra de você.

Agora, o cliente que está no Instagram, gostou do que viu, aumentou o interesse e começa a buscar nos comentários o que é falado sobre seus produtos, serviços e atendimentos, "Indicações".

Boas notas e comentários favoráveis quebram mais objeções do cliente e ele resolve ligar pra você, primeira vez falando com você ou com sua equipe, foi bem recebido, se sentiu acolhido e com atendimento atencioso, mais uma primeira abordagem eficiente quebrando mais objeções.

Pegou o endereço e foi até você.

Chegou lá, viu sua vitrine, atraente, entrou e viu sua equipe, mais duas primeiras abordagens e neste ponto começa o atendimento pessoal.

O que muitos acham que é o primeiro atendimento ou "Abordagem do Cliente", na verdade, é a última abordagem.

Rsrsrsrsrsrsr.

Você já sabia que a abordagem ao cliente é superimportante e define uma venda e boas indicações ou a perda do cliente, mas você não sabia que existia outras abordagens, uma cadeia grande de abordagens.

Com base nesse exemplo dado agora, você deve ter em mente duas coisas muito importantes:

1º – Falha no Processo.

Se houver falha em alguma etapa desse processo, o cliente não passa para a próxima etapa, e você perde vendas.

Você deve ter atenção em como o seu cliente vê sua marca, como sua marca está sendo vista pelos seus clientes e como sua marca está sendo exibida no mercado.

2º – Processo de Compra.

As abordagens devem despertar o interesse e desejo do seu cliente pelo seu produto e deve colocar ele em uma esteira que traz ele até você, a partir daí você deve leva-lo até o fechamento.

8. O Cliente

Lembra que falamos que o Cliente Custa Caro. Então, você faz investimentos para captar e atender um cliente, existe um custo que você paga por cada cliente, para acabar com este custo ou transformar este custo em investimento ou lucro nosso foco tem que ser conquistar o cliente, quando você conquista o cliente e ele volta a consumir, boa parte deste gasto você já não tem e seu lucro aumenta.

Por mais contra intuitivo que pareça ser, temos que parar de pensar em vender e passar a focar em conquistar o cliente e não perder mais vendas. esta é a base deste treinamento.

90% das vendas depende de você e quando o cliente chega até você com uma indicação, esse valor reduz para uma média de 70% (dependendo do produto ou serviço que você oferece), mesmo assim, esse valor é alto

Quando você conquista o cliente ele pensa em você no próximo consumo, ele indica você, ele volta a consumir, ele confia em suas indicações, você entra na casa dele, entra na família dele, no trabalho, na sua vida pessoal. Neste momento, as vendas são consequências.

Um cliente encantado indica seu produto para mais pessoas, amigos, familiares, parentes, colegas de trabalho e essas pessoas chegam até você com a maioria das objeções quebradas, você tem credibilidade.

9. Comunicação

"Comunicação não é o que você fala, é o que a outra pessoa entende."

Venda é um processo contínuo de comunicação entre você e seu cliente, você precisa conhecer o que é comunicação, entender seu poder, dominar a comunicação, controlar e evitar falha no processo de comunicação.

A comunicação por si só já daria um livro inteiro, tamanho é a sua importância e nas vendas ela é fundamental, ela define seu sucesso profissional ou perda de clientes.

Uma das ferramentas mais importante no processo de vendas é a comunicação e essa é uma das ferramentas mais negligenciadas.

Comunicação é a forma que você transmite informações para o cliente, é a forma como a sua mensagem chega até ele.

A Comunicação define como você (sua marca, produto ou serviço) é percebido pelo mercado e pelos seus clientes.

Entenda que Comunicação é a transmissão de uma mensagem entre no mínimo duas pessoas, é algo entendido.

Lembre-se que Comunicação não significa idioma falado, você certamente saberia quando uma pessoas está brigando com você, independente do idioma que ela fala, não importa se você sabe aquela língua, você sabe que ela está te xingando só pela forma dela se expressar, em qualquer parte do mundo você saberia se uma pessoa está triste ou com medo só pela sua postura corporal e alguns símbolos, formas e cores transmitem a mesma ideia de perigo ou de proibido em diversos países.

Podemos dizer que a comunicação só é efetiva se o receptor entender a mensagem que o emissor quis transmitir. Para isso, é necessário que a mensagem seja clara e objetiva.

90% da venda é feita de comunicação entre você o seu cliente.

Tecnicamente falando, existem quatro tipos de comunicação, a verbal, não verbal, escrita e visual.

Para facilitar nosso entendimento vamos definir que a comunicação escrita e a visual serão tratadas como comunicação não verbal, pois elas não têm a habilidade de transmitir emoção e sentimento.

A. Comunicação Verbal.

Tudo aquilo que é falado pela pessoa.

O uso da voz para expressar ou transmitir uma ideia ou informação e isso envolve timbre, tom de voz, volume, uso correto das palavras, velocidade de fala, falar corretamente o idioma e a emoção que se transmite nessa fala.

B. Comunicação não-verbal

A comunicação não-verbal compreende todos os sinais que não são verbalizados por nós.

Ao contrário da comunicação verbal, ela não se dá por palavras, e sim por sons, gestos, imagens, expressões faciais, etc.

Pode servir como complemento para as palavras, formando uma mensagem completa.

Porém, também pode ser entendida sozinha, como uma reação triste, um gesto de "beleza" ou a cor verde em um semáforo.

- Expressão facial.
- Gestos.
- Cores.
- Símbolos.
- Sons.
- Linguagem corporal.

- Olhar.
- Aparência.
- Textos e mensagens escritas.

A comunicação Não-Verbal ocorre por meio de gestos, códigos sonoros, sinais, expressões faciais, gestos corporais, comportamento, imagens ou códigos.

Ela abrange a expressão corporal e facial, gestos e reações do corpo a estímulos variados.

Envolve também o tipo de roupa que você usa, uniforme da equipe, modismo, acessórios e higiene pessoal, chamado também de marketing pessoal.

Muitos estudiosos colocam a linguagem escrita como Comunicação verbal, mas a voz transmite emoções e sentimentos que a escrita não consegue transmitir e assim, todas as pessoas interpretam o que você escreve de acordo com os sentimentos delas, o que pode não ser o mesmo sentimento que você tinha imaginado transmitir.

Um simples "Não" respondido no zap pode ser interpretado de forma rude, mesmo quando você só quis transmitir um "Nãooooo?!" de espanto.

Cometemos um erro quando achamos que o que falamos é predominante e mais importante em nossa comunicação.

Somente 07% de toda a nossa comunicação é verbal, 93% de toda a nossa comunicação é Não-Verbal, ou seja, seu corpo fala muito mais do que você imagina.

Lembre-se, estamos investindo em credibilidade e podemos usar a Comunicação como uma ferramenta poderosa para isso.

10. Modelos de comunicação.

Modelos de comunicação é a forma que você se comporta no processo de atendimento de cliente, você pode tomar uma postura ativa ou passiva.

A. Comunicação Passiva.

A comunicação passiva é um tipo de comunicação em que o emissor não se expressa de forma clara e assertiva, deixando margem para mal-entendidos e dificultando a compreensão da mensagem pelo receptor. É um processo em que o emissor não se esforça para transmitir sua mensagem e pode até mesmo evitar conflitos ou confrontos, prejudicando a qualidade da comunicação.

Na comunicação passiva, o emissor pode utilizar uma linguagem pouco clara, ambígua ou evasiva, o que pode gerar confusão ou interpretações equivocadas por parte do receptor. Além disso, o emissor pode não se envolver ativamente na comunicação, não demonstrando interesse pelo que o receptor tem a dizer e não buscando estabelecer uma conexão com ele.

A comunicação passiva pode ser prejudicial em diversos contextos, como no ambiente de trabalho, nas relações pessoais, nas interações sociais e principalmente nas vendas. Ela pode dificultar a resolução de conflitos, a tomada de decisões e a construção de credibilidade e relações saudáveis e produtivas.
Por outro lado, é importante ressaltar que a comunicação passiva não é necessariamente negativa em todas as situações. Em algumas circunstâncias, pode ser uma estratégia útil para evitar conflitos desnecessários ou para preservar a harmonia na negociação. No entanto, é importante encontrar um equilíbrio entre uma comunicação passiva e uma comunicação ativa, adequando o tipo de comunicação à situação e aos objetivos desejados.

B. Comunicação Ativa

A comunicação ativa é um tipo de comunicação em que o emissor busca ativamente transmitir sua mensagem de forma clara e assertiva para o receptor. É um processo em que o emissor se esforça para se fazer entendido e para garantir que a mensagem seja recebida corretamente pelo receptor.

Na comunicação ativa, o emissor se preocupa em escolher as palavras certas, em utilizar uma linguagem clara e acessível, em evitar ambiguidades e em manter uma postura comunicativa aberta e receptiva. Ele também busca estabelecer uma conexão com o receptor, demonstrando interesse pelo que ele tem a dizer e encorajando-o a se expressar.

A comunicação ativa é importante em diversos contextos, como no ambiente de trabalho, nas relações pessoais, nas interações sociais e nas vendas. Ela contribui para uma comunicação mais efetiva, para que a mensagem que você quer transmitir seja entendida, reduzindo ruídos, mal-entendidos e melhorando a qualidade das relações interpessoais.

É importante ressaltar que a comunicação ativa não é apenas uma habilidade de falar bem, mas também de ouvir atentamente e de demonstrar empatia pelo receptor. É um processo de comunicação colaborativo, em que ambos os lados se esforçam para se comunicar de forma efetiva e para alcançar um entendimento mútuo

11. Exercício I
Métricas

Uma pesquisa feita por uma entidade oficial de empresários revelou que, em média, 9 em cada 10 clientes que entram na sua loja vai comprar o produto, e esse número é mais fiel à medida que seu produto tenha valor elevado.

Para muitos empresários, essa notícia é boa, mas não é.

Vamos ao exercício:

Anote a quantidade de clientes que entram em contato com você ou com a sua empresa, seja de maneira presencial ou não presencial.

Faça essa anotação por dia, por semana e por mês.
Agora você tem um número de leads (possíveis clientes) por período.

Anote agora quantos destes leads efetuaram compras com você.

Entenda uma coisa, se de cada 10 clientes que fizeram contato com sua empresa 09 vão comprar e você vendeu somente para 03, por exemplo, você está perdendo 06 vendas.

Esses clientes vão realizar compras com alguém, não obrigatoriamente com você. Por algum motivo eles deixaram de comprar com você, foram para o concorrente.

Você precisa saber o motivo de estar perdendo clientes, onde estão as falhas? O que o concorrente oferece a mais? Entre outras informações.

ERROS NO PROCESSO DE ABORDAGEM

Existem diversos erros no processo de vendas, dos mais simples e fatais aos mais absurdos, neste livro vamos abordar somente os principais erros cometidos no processo de abordagem, que é o tema do livro.

E os principais erros nesse processo são referentes à comunicação com o cliente.

Lembre-se, nossa meta sempre deve ser conquistar o cliente e para isso precisamos criar links com ele através de uma comunicação assertiva.

12. Perder Cliente.
NÃO É CERTO PERDER CLIENTE.

Não permita isso, não se acostume com isso.

É fácil vender, como foi falado antes, em um mercado sem crise você apresentar um produto e conseguir fazer uma venda não é difícil.

Se contentar com isso que é um erro grave e muito comum à maioria dos profissionais de vendas e empreendedores no mercado.

Você pode ser uma pessoa que está começando agora em um emprego de vendas, totalmente sem experiência, ou pode estar pensando em vender algum produto que você produz é comum ter dificuldades nas vendas, principalmente nesse modelo de mercado novo e em evolução permanente.

Ou você pode ser um empreendedor já com experiência em vendas, com uma equipe de vendas ou pertencer à uma equipe de vendas e está buscando melhorar seus resultados.

Em todos os casos, você deve buscar sempre melhorar, subir de nível, não entrar em zonas de conforto, se acomodar e permitir perder vendas.

13. Foco nas Vendas

O principal erro no processo de venda é focar em vender.

Quando você foca somente em vender e entregar produtos, você perde a oportunidade de criar links com o cliente e construir credibilidade, você não conhece o seu cliente e suas necessidades. Como vai poder criar uma estratégia de vendas eficiente se você não tem essas informações?

Abordagem impessoal serve para despertar o desejo do nosso cliente para nosso produto, mas estamos disputando a atenção dele com um universo de mensagens e informações na internet e pelas ruas.

Na abordagem pessoal não. O cliente está ali, na sua frente, com a atenção dele voltada toda pra você, ele é todo seu. Chegar a esse ponto de conseguir levar o cliente até você já é uma vitória, ele poderia estar no seu concorrente e nem saber que você existe.
A abordagem pessoal deve ser usada para conhecer o nosso cliente e entender suas necessidades, é na abordagem pessoal que entramos no mundo do cliente, quebramos objeções, criamos credibilidade e fidelizamos o cliente.

14. Não criar relacionamento.

Todo contato com o cliente é uma oportunidade de se criar um relacionamento com ele, e essa oportunidade deve ser aproveitada ao máximo.

Por mais rápida que seja seu contato com o cliente ou o tempo de processo de venda do seu produto, você pode sim criar algum tipo de relacionamento ou vinculo com o cliente. Esse link, mesmo que breve, garante o sucesso de futuras vendas que você pode voltar a afazer com ele ou de indicações que possam vir desse cliente.

15. Falha de Comunicação.

É na comunicação que estão a maioria dos motivos de perder vendas, uma comunicação com falhas ou inadequada quebra totalmente a sua credibilidade.

A abordagem é um processo intenso de comunicação e transmissão de mensagens para nosso cliente e essas informações podem atrair ou afastar o cliente.

Mesmo assim, a maioria dos profissionais não investem ou ao menos se preocupam com sua comunicação e o tipo de linguagem que usam.

Comunicação não é o que você fala, é o que seu cliente entende e você precisa buscar saber como você está sendo entendido pelo seu cliente, como está sendo visto pelo seu mercado.

16. Uso de Comunicação Passiva.

Imagine que você tem muitas horas de treinamento sobre o seu produto, cursos, vários anos de experiência em vender ou até mesmo em usar o produto, ou melhor, você criou o produto, ninguém duvida que você sabe muito sobre o seu produto.

Você passa horas falando do seu produto, de como ele é bom, como ele é eficiente e foi você quem fez.

Ou pior, imagine que você não sabe muito sobre o produto, não consome esse produto pois sua classe social e salário não permite, está cansado, tem boletos para pagar e está preocupado com a conta de luz que está pra vencer.

Neste caso você se ocupa em atender rápido para atender mais clientes e tentar fazer alguma venda hoje.

Nesses dois exemplos, o vendedor não se preocupou em saber "o que o cliente busca?", "qual é a sua Real necessidade?", "como eu posso ajudar o meu cliente?"

A comunicação passiva é a forma de você atender o cliente sem se comunicar com ele ou de se comunicar de forma mais superficial possível, sem buscar conhecer o cliente ou entender o que ele busca, suas necessidades e desejos.

É uma postura que você assume de não ter interesse em seu cliente.
Isso pode ser por medo, vergonha ou falta de conhecimento técnico de vendas e atendimento ao cliente. Ou em muitos casos, por ignorância mesmo, um simples e total desinteresse pelo seu cliente.

Em um mercado onde o cliente não tem opções, isso pode funcionar até o momento da chegada de um concorrente.

Uma conversa vazia também é um bom exemplo de comunicação passiva. É comum o vendedor puxar uma conversa e falar da vida pessoal, dos problemas, do clima, fofocas da família ou da empresa, fazer reclamações, política, religião, programa de televisão, falar sobre assuntos que não são relevantes ao produto e todos os tipos de assuntos inúteis.

O script de vendas também promove essa postura. Fique atento ao seu cliente, ao o que ele busca, sua necessidade.

17. Script de vendas – Carta de Vendas

Acabe com os scripts de vendas, eles estão acabando com suas vendas.

O principal erro de todo vendedor ou de equipes de vendas é o script de vendas.

É muito comum vendedores terem um roteiro para seguir na hora do atendimento, onde eles sabem o que falar de forma programada.

Isso chama-se carta de vendas ou script de vendas.

Muitas empresas treinam suas equipes de vendas para seguir um roteiro de atendimento.

É fácil achar que essa carta de vendas pode ajudar no processo de atendimento, muitos vendedores que têm medo ou algum tipo de dificuldade no atendimento se defendem com esse script.

Só que ele atrapalha mais que ajuda.

Cada cliente tem um perfil de comportamento diferente dos demais, tem uma vivência e uma visão de mundo, tem necessidades e busca por valores pessoais.

Como vimos em nossos outros treinamentos, é fácil identificar esse perfil e suas necessidades, quando fazemos isso criamos um link poderoso com o cliente, é esse Link que devemos buscar estabelecer.

Seguindo esse roteiro você fica incapaz de exercer uma comunicação ativa e dessa forma não consegue entender as reais necessidades do cliente, assim, vai ter maiores dificuldades em criar links com o nosso cliente e criar credibilidade.

O script de vendas promove uma comunicação infértil.

A carta de vendas é um câncer que destrói nossas vendas aos poucos, nos ilude com uma falsa sensação de tranquilidade devido a sua facilidade, nos faz acreditar que estamos sendo eficientes quando na verdade, a eficiência é conquistar nosso cliente e criar links com ele, devemos acabar com essa prática em nossa abordagem e no processo de atendimento ao cliente.

18. Crenças Pessoais.

Temos uma tendência primitiva de viver conforme o que acreditamos que seja verdade, criamos crenças sobre essas verdades e acreditamos que todas as pessoas sejam iguais a nós, acreditam nas mesmas coisas, gostam das mesmas coisas e têm as mesmas limitações.

Eu sempre conto uma caso que aconteceu comigo em uma viagem que eu fiz para treinar a equipe de uma empresa, eu fiquei uma semana em uma pequena cidade de outro estado, todo final de tarde eu saia pra lanchar e pedia uma vitamina de manga com leite, de pronto a atendente me trouxe essa vitamina e o lanche, colocou na mesa, se posicionou atrás de mim, um breve silêncio se fez, e então ela falou com uma voz fúnebre:

- Você vai morrer!

Imagina o frio na espinha que eu senti, me fale, se fosse com você?

- O que é isso menina??? - Respondi assustado.
- Manga com leite faz mal, mata.

Neste momento eu lembrei dessa crendice e comecei a rir, em alguns lugares no Brasil existe uma lenda que se tomar manga com leite faz mal, essa estória foi criada por senhores de engenho e donos de escravos para colocar medo neles para que não comessem as frutas e os leites que eram produzidos pela fazenda, nesta época, não só essa lenda foi criada mas muitas outras.

- Ria não – disse a menina, e continuou – É verdade.
- É verdade não, é crendice. – Respondi para ela.

E ela insistiu.

- É verdade sim, minha prima morreu assim, tomando manga com leite.

Não pude fazer mais nada do que responder;

- É verdade, eu mesmo já morri 03 vezes, pois tomo isso desde criança.

É válido lembrar que essa era a terceira vez que eu ia nessa mesma lanchonete e fazia o mesmo pedido.

Esse foi um exemplo, mas existem vários outros.

Imagine o caso de um vendedor que tem medo de altura e tem que vender uma corda de rapel, e no momento da venda ele fala para o cliente:

- Você é louco, subir um morro para descer nessa cordinha fina!!!!!

O que você gosta, o que você acredita ou o que você tem medo não deve ser incorporado nas suas vendas a não ser que esse seja seu trabalho, vender o que você acredita, vender suas crenças desde que a sua mensagem esteja clara e bem definida.

Você é contra açúcar e gorduras, pode vender lanches saudáveis e sucos sem açúcar, mas se trabalha em uma lanchonete comum, jamais pode fazer o cliente tomar um suco com açúcar mascavo ou não servir aquela coxinha gordurosa ou até mesmo servir algo e ficar doutrinando o cliente para ele mudar seus hábitos alimentares, essa não é sua função.

19. Perguntas Vazias.

Um cliente entra em uma loja e começa a olhar os produtos, vem o atendente e pergunta.

- Posso ajudar?

Esse tipo de pergunta é chamado "Pergunta Vazia" onde só permite somente duas respostas, "Sim" ou "Não".

Neste caso, se o cliente responde "Não", acabou a função do atendente, não tem lógica ele continuar perto do cliente. Matou sua Abordagem.

O contrário também vale, se o cliente entra na loja e pergunta por um produto;

- Você tem esse produto?

Caso o atendente responda "Não", ele acaba com seu poder de negociação, vale lembrar que o "Não" é uma das palavras proibidas e perigosa no processo de negociação.

Devemos evitar atender nosso cliente com perguntas que as respostas são limitadas a sim, não, é, não é, tem, não tem e etc.

Busque perguntas que façam o cliente pensar para responder, busque por suas emoções, faça ele se envolver, lembre-se que a compra é uma experiência para o cliente, faça ele ter a melhor experiência possível.

20. Não usar Linguagem Visual.

O cliente está gritando com você e você não está escutando.

Outro erro comum no processo de vendas e que está relacionado a ter o foco voltado para venda e não para o cliente, é não prestar a atenção na linguagem visual do cliente.

Mais de 90% da nossa comunicação é não verbal e a linguagem visual é uma grande parte dessa comunicação.

Não prestar a atenção a essa linguagem pode trazer dificuldades na hora do atendimento, na verdade, quando você desvenda essa linguagem você consegue criar links poderosos, isso é claro, se souber usar.

O corpo do cliente fala e ele está gritando com você, quem é o seu cliente, de onde ele vem, qual é a sua tribo, o que ele quer, o que não quer e etc. A linguagem visual do cliente está te dando dicas importantes para você causar uma boa impressão como vendedor.

21. Roda dos Erros

Por fim, alguns desses erros são autoalimentados e colocam você em uma roda de erros que você comete continuamente e não tem como sair.

Se você não desvenda a comunicação visual do cliente, você acaba atendendo ele com perguntas vazias, com esse tipo de abordagem, você gera uma comunicação passiva, pois você não sabe o que falar e não está entendendo ou disposto a entender o que o nosso cliente está falando, assim, você tem muitas dificuldades nas vendas e corre para usar uma carta de vendas matadora, um roteiro que seu amigo falou que é infalível, com esse roteiro em mãos, você passa a falar sem escutar, criando uma comunicação passiva e perguntas vazias, e continua perdendo vendas, pois são as vendas que interessam, seu foco está todo nela. Foco nas vendas.

Para sair dessa roda de erros é simples, coloque todo o seu foco e esforço no seu cliente.

22. Exercício II
Mentalização

Os exercícios de mentalização são muito importantes para você fazer e para ser feito com a equipe.

Esse modelo de exercício deixa o profissional preparado para cada situação permitindo respostas mais rápidas e assertivas.

São eficientes também para identificar limitações pessoais e alguns bloqueios.

Neste exercício vamos ativar a emoção de ter sucesso nas vendas e alimentar nossa mente para querer ter essa sensação de prazer de ser bem-sucedido, isso nos incentiva a melhorar cada vez mais e buscar trabalhar melhor nossas vendas.

Nome da atividade é:
A Venda.

Vamos fazer um exercício de visualização, faça o exercício com atenção e calma, sem pressa, ele é poderoso e quanto mais dedicado a ele você for, mais impacto você terá, você vai ver o resultado e não esqueça de me contar depois.

Vá para um lugar calmo onde você se sinta seguro e possa tirar uns 5 minutos só pra você.
Você pode ficar em pé ou sentado, você escolhe, o que te deixar mais confortável.

Se estiver fazendo em grupo, fiquem todos de pé, em circulo e deem as mãos. Escolha uma pessoa que possa fazer a narração, com voz calma, de forma lenta e sem pressa.

Feche os olhos.
Fique confortável.
Se tiver sentado, deixe o corpo afundar no acento.
Respire fundo e solte o ar lentamente.

Repita essa respiração por alguns minutos.
De 5 a dez vezes.
Relaxe seu corpo.
Limpe sua mente enquanto respira.
Agora.
Imagine que você acabou de fechar uma venda.
Seu produto mais caro.
O seu cliente acabou de te pagar.
Você entregou o produto ou serviço.
Ele saiu satisfeito.

Visualize na sua mente esta cena.
Respire fundo.
Solte o ar lentamente.
Repita a respiração enquanto você imagina essa situação.
Não tenha pressa.
Aproveite essa imagem na sua mente por um ou dois minutos.

Agora me responda rápido.

O que você sentiu?

Prazer?
Orgulho?
Satisfação?
Preocupação?
Alívio?

Imagine esse seu cliente voltando pra você e comprando novamente.

Ou indicando o seu produto para os amigos.

Se você fechou a venda é que em muitos casos você foi muito bem, obteve sucesso na sua venda e se o cliente voltou e indicou amigos demonstra que ele está satisfeito.

Exercícios de visualização são muito importantes para o seu sucesso pessoal e profissional e esse em especial serve para nos preparar para o resultado desta leitura.

Esse sentimento continuará conosco e será um incentivo para todos que participarem para perseguir essa sensação. Todas as vendas realizadas após esse exercício encherão o participante de endorfina que o ajudará a se manter motivado a fazer outras vendas e melhorar sempre.

ESTRATÉGIAS DE ABORDAGEM

23.   Estratégias de Abordagens
"como eu posso ajudar o meu cliente?"

Estratégias de Abordagem são planos e ações desenvolvidos para atingir objetivos de vendas específicos.

Essas estratégias são criadas com ferramentas e técnicas poderosas para atrair e envolver o cliente, quebrar suas objeções com o objetivo de maximizar o potencial de vendas, aumentar a receita e não perder vendas.

O processo de abordagem é fundamental para quem quer desenvolver estratégias de vendas eficientes e poderosas por ser uma etapa fundamental.

Uma estratégia de vendas eficaz envolve criar links com o cliente, gerar um relacionamento, identificar os principais fatores que afetam o consumo do cliente, as necessidades dos clientes, seu perfil comportamental, suas limitações, medos, criar credibilidade e conquistar o cliente.

E é na abordagem que você tem a possibilidade de realizar essa função.

24. Entendendo o Processo e Criando Estratégias.

Quando falamos em criar estratégias eficientes devemos entender que precisamos desenvolver uma ação para atingir uma meta, e essa meta deve ser bem clara.

Nossas metas são:

- Parar de focar em vender e focar em conquistar o cliente.
- Focar no cliente, entender suas reais necessidades e dores.
- Criar links com o cliente.
- Criar relacionamento, cada contato com o cliente é uma oportunidade de relacionamento.
- Criar credibilidade, é o valor mais poderoso nos negócios.

Vamos usar ferramentas para nos ajudar nessas ações.

Ferramentas como:

- Rapport.
- Comunicação Assertiva.
- Perguntas Estratégicas.
- Análise de Perfil de Cliente.
- Marketing Pessoal.

E cada ferramenta deve ser usada e trabalhada estrategicamente em momentos específicos de nosso processo de Atendimento, ou seja, em cada uma de suas etapas de atendimento, isso vai potencializar essas ferramentas.

As etapas principais de atendimento são:

1. Atração.
2. Atendimento.
3. Negociação.
4. Fechamento.
5. Pós-Vendas.

Com esse mapa em mente vamos partir para desenvolver as ações em cada etapa.

25. Atração.

Onde despertamos o interesse do cliente para nosso produto, esta etapa geralmente é representada pelo marketing.

Nesta etapa é onde chamamos a atenção do cliente, despertamos o desejo dele para o nosso produto, é onde ele descobre que você existe e tem a solução que ele precisa.

Isso pode ser por meio de anúncios na televisão ou internet, redes sociais, eventos ou até mesmo em uma conversa pessoal informal, fora do ambiente de trabalho, pode ser em um encontro em uma festa por exemplo.

Não podemos esquecer que uma vitrine ou até mesmo nossas redes sociais podem ser usadas para atrair a atenção e despertar o desejo de nosso cliente, ou seja, vitrine é sim marketing.

Ferramentas usadas nesta etapa.
o Marketing.
o Marketing Pessoal.
o Comunicação Visual.

26. Atendimento.

Você deve usar essa etapa para levantar informações sobre o cliente.

O Atendimento é o momento em que devemos usar para criar um relacionamento com nosso cliente, é o momento em que temos a chance de saber mais sobre o cliente.

É o momento que você faz o contato oficial e começa a trabalhar o cliente, de maneira pessoal ou impessoal. O maior erro cometido neste momento é tentar fazer a venda, pular etapas e ir para a negociação ou querer ir logo para o fechamento.

Atendimento não é o momento de fazer vendas, é o momento de conhecer, entender e criar relacionamento com o cliente.

Este é o momento de conhecer o cliente, conversar com ele, tirar a mente dele do automático.

Neste momento ele está em "Alert Mode" (modo de alerta), preocupado com o que ele vai gastar, analisando se você é confiável, se o produto atende as suas necessidades e em outras muitas objeções que ele possa ter.

Não entre direto vendendo, converse, faça uso das perguntas poderosas, comunicação assertiva, comece a fazer a análise de perfil e rapport.

Quando você usa essa etapa para se aproximar do cliente, você começa a criar uma credibilidade, quebrar objeções, criar links e fazer um relacionamento.

Essa conversa deve servir para relaxar o cliente, tirar a mente dele do foco de vendas onde ele está na defensiva.

É nesta etapa que devemos fazer perguntas assertivas e criar um diálogo com o cliente.

Quando você conversa com o cliente antes de iniciar a venda ou a negociação você coloca a mente dele em estado de relaxamento, onde inconscientemente ele passa te ver de forma mais amigável, quanto mais profunda essa conversa, mais confiante em você o cliente fica.

Você consegue chegar a esse ponto com perguntas assertivas e também fora do tom de vendas, por exemplo:

- É a sua primeira vez aqui?

-O Sr. Já conhece nossos produtos? (Nossa loja? Nosso cardápio? Conhece nosso diferencial? O diferencial de nossa cozinha? O diferencial das roupas ou produtos que fabricamos?)

Quando neste caso a resposta é negativa você tem a oportunidade de falar sobre o seu produto ou serviço, mostrar os diferenciais, as opções que o cliente tem, guiar o cliente para onde você quiser, isso mostra para o cliente que você está preocupado em atendê-lo bem, cuidar dele e não somente está focado em vender. Isso aumenta sua credibilidade.

Nesta etapa que temos a oportunidade de levantar informações importantes sobre o cliente, o que ele quer, para que ele quer, qual é o seu perfil de comportamento, quais são seus medos, suas experiências com o produto, um universo de informação que vai alimentar nossa estratégia de atendimento de forma eficaz por exemplo, com material para quebrar as objeções dos clientes.

O marketing pessoal e as ferramentas de comunicação visual são usadas de forma mais eficiente nesta etapa.

Ferramentas usadas nesta etapa.
o Comunicação Assertiva.
o Perguntas Eficientes.
o Marketing Pessoal.
o Comunicação Ativa.
o Rapport.
o Análise de Perfil.
o Criação de Links.
o Relacionamento.

27. Negociação.

Etapa que usamos as informações que temos sobre o cliente para quebrar as objeções finais e levá-lo para o próximo estágio. Muitas destas informações que foram coletadas na etapa anterior.

Agora, você usa as informações colhidas durante as conversas que você teve com o cliente para quebrar objeções e saber se comunicar de maneira eficiente com o cliente.

Nesta etapa é onde você começa a apresentar seu produto, agora que você já conhece o cliente, fez uma análise do perfil, conversou um pouco com ele, você já sabe o que ele busca e já é capaz de colocar o que você vende nas necessidades do seu cliente. Assim, você faz ele ver valor no seu trabalho e não somente preço, muitas das objeções são tiradas nesta etapa.

Existem objeções comerciais e psicológicas, as psicológicas você quebra com as informações e no link que você criou na etapa anterior, as comerciais são trabalhadas nesta etapa.

Mais perguntas poderosas nesta etapa, mais envolvimento, mais sentimento de segurança e mais credibilidade, assim você fortalece o link com o cliente.

Só vá para a próxima etapa quando estiver seguro nesta, lembre-se, comunicação ativa e assertiva, perguntas eficientes, foco na necessidade do cliente, tire o máximo de dúvidas do cliente possível, sobre características, prazo de entrega, cor e qualquer outra que possa vir a existir.

Ferramentas usadas nesta etapa.
- o Comunicação Assertiva.
- o Perguntas Eficientes.
- o Marketing Pessoal.
- o Comunicação Ativa.
- o Relacionamento.
- o Quebra de Objeções.

28. Fechamento.

É muito bom essa etapa. O cliente está implorando para fechar.

O Fechamento é o estágio que levamos o cliente a consumir o produto ou serviço, pagar, fechar o contrato.

Você venceu barreiras e objeções, venceu até seus medos e limites. O cliente está seguro e pagando pelo produto. Agora você já é autoridade de confiança para o cliente, você criou um link, quebrou objeções e neste momento, tem poder de indicar algo a mais para o cliente, quem sabe, por exemplo, um up grade?!

Sim, é hora de up sell.

E mesmo neste momento, reforce a sua meta de criar um relacionamento, deixe o cliente ver que você quer ele como amigo.

Ferramentas usadas nesta etapa.
o Comunicação Assertiva.
o Marketing Pessoal.
o Comunicação Ativa.
o Relacionamento.
o Up Sell.
o Cross Sell

29. Pós-Vendas.
A venda não acaba quando termina.

Pós-vendas é a etapa mais negligenciada pelos vendedores, muitos empresários e empreendedores nem sabem que ela existe ou o que seria essa etapa. É nesta etapa que você fortalece o seu relacionamento com o cliente.

O pós-venda consiste em acompanhar o cliente depois da compra e no consumo do seu produto, saber como ele se sente, se está satisfeito. É a etapa onde você ou sua empresa faz o acompanhamento do cliente e mantém o relacionamento.

Você pode usar para saber sua satisfação sobre a compra, se o produto foi entregue no prazo, se o almoço estava gostoso ou faltou algo. Você pode usar essas informações para corrigir erros no seu processo de trabalho, venda, entrega ou produção.

Você pode usar para dar os parabéns por datas comemorativas do seu cliente, como o aniversário, por exemplo, dando um presente ou desconto. Fortalecendo o relacionamento e estimulando o consumo.

Pode usar para indicar promoções ou condições especiais. Também estimulando o consumo.

Se você trabalha com produtos de consumo recorrente como salões de beleza, barbearia ou oficina mecânica, pode lembrar o seu cliente que já está próximo da data de um novo corte de cabelo ou da troca de óleo.

Esta etapa pode ser usada também para pedir indicações do seu cliente para alguém que possa ser interessante o seu serviço. Muito negligenciada essa técnica ela pode ser muito eficiente com clientes satisfeitos, é válido lembrar que nem todos os tipos de serviços podem usar essa técnica.

Ferramentas usadas nesta etapa.
- o Comunicação Assertiva.
- o Comunicação Ativa.
- o Relacionamento.

30. Foco no cliente
Os melhores vendedores são aqueles que conquistam o cliente.

De alguma forma, você tem todas estas etapas no seu processo de atendimento, se não tem claramente é porque você pode estar pulando algumas dessas etapas ou achar que não é necessária. Neste caso você deve colocá-las na sua estratégia de atendimento.

A partir de agora vamos pensar em nossas vendas como um processo de trabalhar o cliente e desenvolver as melhores estratégias para abordá-lo.

Para isso, precisamos entender que ao contrário do que muitos pensam, a nossa função não é vender e sim, conquistar o Cliente. Um cliente conquistado é fiel, volta a consumir e passa a indicar você para todos os familiares, amigos e colegas de trabalho. Ele se sente tranquilo e confortável com você confiando em suas indicações e sugestões. Ele se torna uma fonte recorrente de receitas.

Por outro lado, um cliente que você não trabalha a fidelização não vai lembrar de você na próxima compra, não vai fazer questão do seu atendimento, vai focar em preço e fazer pesquisa de mercado, vai consumir com outros profissionais e em outros locais.

É na Abordagem que podemos pegar o cliente pela mão e levá-lo por uma jornada de consumo, tirar ele do processo de vendas e colocar no processo de compra, quebrando objeções e criando credibilidade. No final deste processo temos um cliente tranquilo, feliz e sem receios.

Esse conteúdo é abordado mais detalhado no livro de Vendas.

Para conquistar o cliente precisamos criar links e desenvolver um relacionamento com o cliente, por isso que ter ferramentas de abordagens e estratégias de ação são tão importantes.

31. O corpo do cliente fala

Cada pessoa tem um padrão de comportamento que reflete em tudo na sua vida, no seu modo de falar, de se vestir, de se relacionar, de se comunicar, nos seus desejos e consequentemente, nas suas decisões de compras.

São sinais que o corpo do cliente fala por si só e quando você presta a atenção nesses sinais, você cria um poder gigantesco de entender o cliente e criar uma abordagem eficiente de atendimento, oferecer não o que você tem para vender e sim, o que o cliente realmente quer comprar.

Aliás, é válido lembrar que, quando falamos em "cada pessoa", isso vale para você também. Quando você entende que cada pessoa tem um perfil de comportamento e você passa a conhecer o seu perfil, você cria um poder interior de melhorar seus resultados, melhorar seus relacionamentos, conquistar as pessoas, acabar com medos e timidez, ter um melhor desenvolvimento no trabalho e muitas outras vantagens.

Identificar o perfil do cliente é uma ferramenta importantíssima não só de vendas, mas, para o seu desenvolvimento pessoal, esse conteúdo está em meu treinamento sobre Perfil de Comportamento.

32. Comunicação

Comunicação nas vendas é a troca de informações entre o vendedor e o cliente durante o processo de venda. É um elemento essencial para o sucesso em vendas, pois permite que o vendedor entenda as necessidades e preocupações do cliente e ofereça soluções que atendam a essas necessidades.

A comunicação nas vendas pode ser verbal ou não verbal. A comunicação verbal inclui as palavras faladas e escritas, enquanto a comunicação não verbal inclui a linguagem corporal, gestos, expressões faciais e tom de voz.

A comunicação eficaz nas vendas é aquela em que o vendedor é capaz de transmitir informações de maneira clara e concisa, utilizando uma linguagem que o cliente possa entender facilmente. Além disso, é importante que o vendedor seja capaz de ouvir ativamente o cliente e entender suas necessidades e preocupações.

Uma comunicação eficaz também é aquela em que o vendedor é capaz de se adaptar ao estilo de comunicação do cliente, seja ele mais direto e objetivo ou mais introspectivo e detalhista, isto é, identificar o perfil de comportamento do cliente. Ao se adaptar ao estilo de comunicação do cliente, o vendedor pode estabelecer uma conexão mais forte e criar um ambiente de confiança que pode ser fundamental para fechar a venda.

Em resumo, a comunicação nas vendas é um elemento essencial para o sucesso em vendas, e a habilidade do vendedor de se comunicar eficazmente com o cliente pode fazer toda a diferença na hora de fechar uma venda.

Tenha atenção em sua comunicação, lembre-se que comunicação não é o que você fala, e sim, o que o seu cliente entende.

Demonstre harmonia, melodia e ritmo. Como em uma música, na venda tudo tem de estar em sincronia. Sua aparência precisa estar em harmonia com o que está falando e vendendo. Você deve escolher as palavras certas para dizer ao cliente (isso é melodia). E o ritmo da abordagem é o que dará o tom da venda – não acelere demais nem seja lento na frente dele.

33. Comunicação Assertiva.

A confiança do seu cliente em você ou na sua equipe vem de uma Comunicação clara, verdadeira e direta.

- Fale a linguagem do cliente.

É fundamental que você entenda o que o cliente está falando e fale na linguagem da tribo dele, isso aproxima vocês e cria links poderoso com o cliente, mesmo assim, evite o máximo possível de gírias, palavras populares ou palavrões.

Estamos falando não somente no atendimento presencial, mas nas redes sociais, sites e em todos os canais.

Se você trabalha com um produto muito técnico e percebe que seu cliente é mais simples, falar bonito, todo rebuscado e com termos técnicos afasta o seu cliente, não transmite uma mensagem clara e ele sai com dúvidas além de inferiorizado.

Lembre-se, ser simples não significa ser burro ou pobre, simplesmente que ele não tem as mesmas informações que você tem e é isso que ele busca em você como vendedor, uma pessoa que vai tirar todas as duvidas dele e quem ele possa confiar.

Não importa o seu trabalho, você pode ser um nutricionista falando para um cliente de restaurante os benefícios que o betacaroteno tem na alimentação ou um mecânico querendo trocar a rebimboca da parafuseta, fazer uma dissertação sobre isso para um cliente leigo não fazer você parecer mais inteligente.

Se você faz uma brincadeira:

"Rapaz!!!!! é tanto termo técnico que eu fico até perdido..... *kkkkkkkk... mas.... Significa que isso vai te ajudar nisso, fazendo tal* *coisa, dessa forma, porque tem isso de melhor."*

Você quebra o gelo e deixa seu cliente mais descontraído, à vontade para te fazer perguntas que ele não faria para uma pessoa que coloca um abismo entre eles.

Não seja -vendedor chiclete-. Muitos ficam tocando no cliente, empurrando-o para dentro da loja. Lembre-se de que algumas pessoas odeiam ser tocadas, outras já gostam de afeto (Perfil de Comportamento). Muitas vezes, um sorriso agradável com um movimento de corpo gera mais resultado que um aperto de mão.

34. Comunicação visual.

Desvendar a linguagem visual e corporal do cliente pode acelerar suas vendas, ajudar você a criar links poderosos com o cliente.
Simplesmente descobrindo o que ele quer, o que ele busca, quem ele é.

35. Criar links

A meta é, criar um link e um relacionamento forte com o cliente durante o processo de vendas.

Criar um link com o cliente significa estabelecer uma conexão que vá além da venda em si. É sobre construir uma relação de confiança e empatia que possa durar por muito tempo e gerar negócios futuros.
Criar um link forte com o cliente é fundamental para o sucesso em vendas e para a construção de um negócio bem-sucedido a longo prazo. Quando você cria um link com o cliente, você estabelece uma

conexão emocional que vai além da transação comercial. Isso pode gerar lealdade e confiança, o que pode levar a negócios futuros e a uma maior satisfação do cliente.

Quando você tem um link forte com o cliente, eles são mais propensos a confiar em você e a buscar sua opinião e conselho sobre assuntos relacionados ao seu negócio. Isso pode ajudá-lo a ser visto como um parceiro de negócios valioso em vez de apenas um vendedor. Além disso, quando você tem um link forte com o cliente, eles são mais propensos a indicá-lo a outros clientes em potencial, o que pode levar a mais negócios e a um crescimento sustentável do seu negócio.

Outra vantagem de criar um link forte com o cliente é que você pode ter uma melhor compreensão das necessidades e desafios do cliente. Isso pode ajudá-lo a oferecer soluções mais personalizadas e relevantes para atender às necessidades específicas do cliente, aumentando assim a satisfação e fidelidade do cliente.

Em resumo, criar um link forte com o cliente é crucial para o sucesso em vendas e para a construção de um negócio bem-sucedido a longo prazo. Isso pode levar a lealdade do cliente, mais negócios futuros, indicações de clientes em potencial e uma melhor compreensão das necessidades e desafios do cliente. Então, sempre que possível, tente criar um link forte com seus clientes e estabelecer uma conexão que vá além da transação comercial.

Aqui estão algumas dicas para ajudar você a criar um link forte com o seu cliente:

- Seja autêntico: Seja você mesmo e mostre interesse genuíno no cliente. Tente conhecer seus interesses, objetivos e desafios. Isso pode ajudar a criar uma conexão mais forte e mostrar que você se importa com eles como pessoa, não apenas como cliente.
- Ouça ativamente: Escute atentamente as necessidades e preocupações do cliente. Isso pode ajudá-lo a entender melhor suas necessidades e oferecer soluções que atendam a essas necessidades.
- Seja acessível: Esteja disponível para o cliente quando eles precisarem de ajuda ou tiverem alguma dúvida. Isso pode mostrar

que você se preocupa com o sucesso do cliente e está disposto a ajudá-los a atingir seus objetivos.

- Forneça valor adicional: Ofereça recursos e informações adicionais que possam ajudar o cliente a ter sucesso em seu negócio. Isso pode incluir dicas de especialistas, conteúdo educacional ou outras informações relevantes.
- Faça um acompanhamento regular: Depois de concluir a venda, mantenha contato regular com o cliente. Isso pode ajudar a fortalecer o relacionamento e manter o cliente engajado.
- Além de criar um link forte com o cliente, é importante também desenvolver um relacionamento duradouro com eles.

Aqui estão algumas dicas para ajudar você a criar um relacionamento duradouro com o cliente:

- Cumpra suas promessas: Se você prometer algo ao cliente, certifique-se de cumprir essa promessa. Isso pode ajudar a construir confiança e credibilidade.
- Seja honesto: Se algo der errado, seja honesto e transparente com o cliente. Isso pode ajudar a fortalecer o relacionamento e mostrar que você se preocupa com a satisfação do cliente.
- Fique atualizado: Mantenha-se informado sobre as necessidades e preocupações do cliente e esteja sempre preparado para oferecer soluções que atendam a essas necessidades.
- Personalize a experiência: Trate cada cliente de forma única e personalize a experiência de vendas para atender às suas necessidades específicas.
- Celebre o sucesso do cliente: Quando o cliente alcançar um sucesso significativo, celebre com eles. Isso pode ajudar a fortalecer o relacionamento e criar um ambiente positivo para futuros negócios.
- Ao seguir essas dicas, você pode criar um link forte e um relacionamento duradouro com seus clientes, o que pode ser fundamental para o sucesso em vendas e para a construção de um negócio bem-sucedido a longo prazo.

36. Marketing Pessoal

Marketing pessoal é um conjunto de estratégias e ações que visam a construção e o fortalecimento da imagem pessoal de um indivíduo, com o objetivo de valorizar sua reputação e promover suas habilidades e competências. Criar Credibilidade.

No contexto das vendas, o marketing pessoal pode ser uma ferramenta valiosa para construir uma imagem positiva e confiável junto aos clientes. Quando um vendedor é capaz de transmitir uma imagem profissional, segura e competente, ele tende a inspirar mais confiança e credibilidade nos clientes, o que pode aumentar as chances de venda.

Algumas estratégias de marketing pessoal que podem ser úteis para os vendedores são:

Conheça bem o seu produto: para transmitir confiança e credibilidade, é fundamental que o vendedor tenha um bom conhecimento sobre o produto ou serviço que está vendendo. Isso permite que ele responda às dúvidas dos clientes com segurança e autoridade.

Tenha uma boa apresentação pessoal: a aparência pessoal é um fator importante na construção da imagem pessoal do vendedor. É importante que ele cuide da higiene, vista-se de forma adequada ao ambiente de trabalho e transmita uma imagem profissional.

Claro! O segundo ponto que mencionei, sobre a apresentação pessoal, é uma parte importante do marketing pessoal nas vendas. A forma como o vendedor se apresenta para o cliente pode influenciar diretamente a percepção que o cliente tem dele e, consequentemente, a probabilidade de fechar uma venda.

Algumas dicas para cuidar da apresentação pessoal são:

- Higiene: é fundamental que o vendedor mantenha uma boa higiene pessoal, com roupas limpas e bem cuidadas, cabelos arrumados e unhas aparadas e limpas. Um perfume suave também pode ser uma boa opção, mas é importante não exagerar na quantidade.
- Vestimenta: a forma de se vestir do vendedor deve estar de acordo com o ambiente em que ele está trabalhando. Em ambientes mais formais, como em escritórios ou reuniões de

negócios, é importante usar roupas sociais ou trajes executivos. Já em ambientes mais informais, como em lojas ou feiras, o vendedor pode optar por roupas mais descontraídas, desde que elas transmitam uma imagem profissional.

- Postura: a postura corporal do vendedor também é importante para transmitir uma imagem profissional. É importante manter uma postura ereta e segura, com os ombros para trás e a cabeça erguida. Evite cruzar os braços ou ficar com as mãos no bolso, pois isso pode passar uma imagem de insegurança.
- Acessórios: o uso de acessórios pode ser uma forma de complementar a aparência do vendedor, mas é importante usá-los com moderação. Jóias, relógios e outros acessórios devem ser discretos e elegantes, sem chamar muita atenção.
- Cuidados com a saúde: além dos cuidados com a higiene e a aparência, o vendedor também deve se preocupar com a saúde. Manter uma alimentação saudável, praticar exercícios físicos e dormir bem são hábitos importantes para manter a saúde e o bem-estar, o que pode refletir positivamente na imagem pessoal do vendedor.
- Cuidar da apresentação pessoal pode ser uma forma eficaz de construir uma imagem profissional e confiável junto aos clientes, ajudando o vendedor a fechar mais vendas e alcançar seus objetivos profissionais.

37. Escuta Ativa

Demonstre interesse pelos clientes: um bom vendedor deve ser capaz de ouvir atentamente as necessidades dos clientes e demonstrar interesse genuíno em ajudá-los a encontrar a solução ideal para suas demandas.

Desenvolva suas habilidades de comunicação: a capacidade de se comunicar de forma clara, objetiva e persuasiva é essencial para um bom vendedor.

É importante que ele seja capaz de adaptar sua linguagem ao perfil dos clientes e transmitir suas ideias de forma convincente.

Busque o feedback dos clientes: o feedback dos clientes é uma ferramenta valiosa para avaliar a eficácia do marketing pessoal do vendedor. É importante que ele esteja aberto às críticas e sugestões dos clientes e busque constantemente aprimorar suas habilidades e competências.

Em resumo, o marketing pessoal pode ser uma ferramenta poderosa para os vendedores, ajudando-os a construir uma imagem positiva e confiável junto aos clientes e aumentando suas chances de sucesso nas vendas.

Tenha uma aparência de sucesso. Vista-se bem e use roupas que combinem com seu ramo de negócio. Aparente a realidade de seu cliente.

38.   Perguntas na Abordagens

Fazer perguntas é uma técnica importante para conhecer o perfil do cliente durante a abordagem de vendas.

Com certeza! As perguntas são uma ferramenta fundamental para o sucesso da abordagem na venda. Através delas, o vendedor pode conhecer melhor o cliente, entender suas necessidades e oferecer soluções que realmente atendam suas expectativas.

Fuja do convencional, não aborde o cliente com palavras negativas do tipo -pois não. Faça perguntas abertas: as perguntas abertas são aquelas que não podem ser respondidas com um simples "sim" ou "não". Elas permitem que o cliente se expresse com mais detalhes e ajudam o vendedor a entender melhor suas necessidades. Seja um vencedor, cumprimente-o com um caloroso - bom dia!

Quando estamos falando em desenvolver estratégias com base em etapas da abordagem precisamos entender que existem perguntas superpoderosas que devem ser usadas em etapas específicas, por exemplo:

Na etapa de atendimento ao cliente, devemos nos aproximar do cliente e conhecer ele melhor, saber sobre seu perfil e suas experiências com o produto ou seu relacionamento com a empresa, tirar o máximo possível o foco das vendas, não devemos usar perguntas técnicas, ser o mais humano e atencioso possível.

Aqui estão alguns exemplos de perguntas que podem ajudar a entender melhor o perfil do cliente:

- Pergunte se ele já conhece o seu produto ou serviço, ou se já consumiu com você antes.
- Perguntas sobre a necessidade do cliente: "O que o traz aqui hoje?", "Qual é a sua principal preocupação ou desafio no momento?", "O que você espera alcançar com essa compra?"
- Perguntas sobre o orçamento do cliente: "Qual é o seu orçamento disponível para essa compra?", "Quanto você espera gastar?", "Você tem alguma restrição de orçamento?"
- Perguntas sobre as preferências do cliente: "Qual é a sua marca favorita? Ou sabor, tipo de produto, etc.", "Você prefere produtos com características específicas?", "O que você valoriza mais em um produto?"
- Perguntas sobre o histórico de compras do cliente: "Você já comprou produtos similares antes?", "O que você gostou ou não gostou em suas compras anteriores?", "Com que frequência você costuma comprar produtos como esse?"
- Perguntas sobre a experiência do cliente: "Como você gostaria de se sentir ao usar esse produto?", "Você já teve alguma experiência ruim com um produto similar?", "O que seria uma experiência de compra ideal para você?"

Lembre-se de que essas são apenas sugestões de perguntas e que é importante adaptá-las à situação e ao perfil do cliente. Faça perguntas relevantes e adequadas para entender as necessidades e desejos do cliente e oferecer soluções que possam atendê-los. Além disso, ouça atentamente as respostas do cliente e esteja preparado para ajustar sua abordagem de acordo com suas necessidades e preferências.

Na etapa de negociação, devemos entrar em perguntas técnicas, características do produto, motivos da compra, expectativa do cliente, prazos, experiência com concorrentes e perguntas que já quebrem as objeções do cliente fazendo-o pensar nas vantagens que você oferece.

Por exemplo, ao invés de perguntar "Você precisa de um produto X?", o vendedor pode perguntar:

- Quais são suas necessidades em relação a esse tipo de produto?
- Qual é a sua principal necessidade em relação a esse produto/serviço?
- Como você espera que esse produto/serviço possa ajudá-lo?
- Quais são as suas maiores preocupações em relação a esse tipo de produto/serviço?
- Pode me falar mais sobre a situação em que você precisa desse produto/serviço?
- Como você enxerga o seu negócio/empresa no futuro?
- Qual é o principal objetivo que você busca alcançar com a aquisição desse produto/serviço?
- Como você avalia o seu atual fornecedor em relação a esse tipo de produto/serviço?

Quais são as suas maiores dificuldades em relação a esse tipo de produto/serviço?

Em relação a esse tipo de produto/serviço, o que você considera mais importante na hora da decisão de compra?

Essas perguntas ajudam a abrir espaço para que o cliente possa se expressar livremente e detalhar suas necessidades e expectativas, facilitando o trabalho do vendedor em oferecer soluções personalizadas e adequadas para cada cliente.

Sim, existem perguntas eficazes na etapa de atendimento e outras na etapa de negociação, cada uma em situações específicas.

Escute com atenção: fazer perguntas é apenas uma parte da equação. O vendedor também precisa escutar com atenção as respostas do cliente para entender suas necessidades e oferecer soluções adequadas. Evite interromper o cliente e demonstre interesse genuíno pelo que ele está dizendo.

Faça perguntas específicas: quanto mais específicas forem as perguntas, mais fácil será entender as necessidades do cliente. Por exemplo, ao invés de perguntar "O que você acha desse produto?", o vendedor pode perguntar "Qual é o recurso mais importante que você procura em um produto desse tipo?".

Faça perguntas que direcionem a conversa: as perguntas podem ser uma forma eficaz de direcionar a conversa para os pontos que são mais importantes para o cliente.

O vendedor pode perguntar "Qual é o seu maior desafio em relação a esse tipo de produto?". Essa pergunta pode ajudar a direcionar a conversa para as necessidades do cliente, em vez de falar apenas sobre a empresa.

Use as perguntas para construir confiança: as perguntas podem ser uma forma de construir confiança com o cliente, demonstrando interesse genuíno em suas necessidades e mostrando que o vendedor está comprometido em oferecer soluções que atendam suas expectativas.

Vou dar alguns exemplos de como as perguntas podem ser usadas para construir confiança com o cliente durante a abordagem na venda:

Como você vê o seu negócio/empresa no futuro? Estou perguntando isso porque quero entender suas necessidades e oferecer soluções que possam ajudá-lo a alcançar seus objetivos.

Quais são suas principais preocupações em relação a esse tipo de produto/serviço? Eu quero que saiba que estamos comprometidos em oferecer soluções que atendam às suas necessidades e que possamos construir um relacionamento de longo prazo.

Como posso ajudá-lo a resolver seus maiores desafios em relação a esse tipo de produto/serviço? Quero que saiba que estamos aqui para apoiá-lo em cada etapa do processo e que estamos comprometidos em oferecer a melhor solução possível para você.

Qual é o seu maior objetivo em relação a essa compra? Estou perguntando isso porque quero ter certeza de que estamos focados em ajudá-lo a alcançar seus objetivos e que estamos trabalhando em conjunto para isso.

O que você considera mais importante em um fornecedor desse tipo de produto/serviço? Estou perguntando isso porque queremos entender o que é mais importante para você e garantir que possamos atender a essas necessidades de maneira eficaz.

Essas perguntas demonstram interesse genuíno nas necessidades e preocupações do cliente, além de deixar claro que o vendedor está comprometido em oferecer soluções que atendam às suas expectativas. Ao usar as perguntas dessa maneira, o vendedor pode criar uma conexão mais forte com o cliente e estabelecer confiança desde o início da conversa, o que pode ser fundamental para fechar uma venda.

Fazer perguntas eficazes durante a abordagem na venda pode ajudar o vendedor a entender melhor as necessidades do cliente e oferecer soluções adequadas, aumentando as chances de fechar uma venda. Lembre-se sempre de escutar com atenção as respostas do cliente e direcionar a conversa para os pontos que são mais importantes para ele.

As perguntas ajudam a entender as necessidades e desejos do cliente, a criar um relacionamento e a encontrar soluções que possam atender suas expectativas.

Aqui estão alguns dos diferentes tipos de perguntas que podem ser feitas na abordagem de vendas:

- Perguntas abertas: As perguntas abertas são perguntas que exigem uma resposta mais elaborada do cliente. Elas ajudam a entender as necessidades, desejos e opiniões do cliente. Por exemplo, "O que você está procurando em um produto?" ou "O que você mais valoriza em uma experiência de compra?".
- Perguntas fechadas: As perguntas fechadas são perguntas que exigem uma resposta curta, superficial e objetiva do cliente. Elas podem ajudar a obter informações específicas e detalhadas. Por exemplo, "Você prefere o produto A ou o produto B?" ou "Qual é o seu orçamento disponível?"
- Perguntas de sondagem: As perguntas de sondagem ajudam a aprofundar a compreensão sobre as respostas do cliente. Elas podem ser usadas para esclarecer informações e obter mais

detalhes sobre um determinado assunto. Por exemplo, "Você poderia me explicar mais sobre o que você quis dizer com isso?", "Você pode me dar um exemplo de como você usaria esse produto?" ou "Me fale mais sobre o seu trabalho para que eu possa entender como eu ou meu produto podemos te ajudar".

- Perguntas de confirmação: As perguntas de confirmação ajudam a verificar se você entendeu corretamente as necessidades e desejos do cliente. Elas podem ser usadas para garantir que você está na mesma página que o cliente e evitar mal-entendidos. Por exemplo, "Então, você está procurando um produto que atenda a essa necessidade específica?" ou "Você está dizendo que o preço é o fator mais importante para você na escolha do produto?". Ou para confirmar que você está sendo bem entendido pelo cliente, sondar suas dúvidas e compreensão sobre o assunto. Exemplo: "Consegui tirar sua dúvida?", "Você entendeu o processo?", "Este prazo está bom pra você?", "Esqueci de mencionar mais alguma coisa?".

Ao fazer perguntas na abordagem de vendas, é importante lembrar que a comunicação é uma via de mão dupla.

Ouça atentamente as respostas do cliente e esteja preparado para ajustar sua abordagem de acordo com suas necessidades e desejos. Além disso, evite fazer perguntas que possam ser interpretadas como invasivas ou desrespeitosas. Seja sempre respeitoso e profissional em suas interações com os clientes.

39. Medo de Vender.

Geralmente o medo de vender é fundado na falta de conhecimento que o profissional tem sobre o produto que vende ou sobre técnicas e ferramentas de vendas, são pessoas com poucas experiências comerciais e com perfil mais administrativos. Você deve se perguntar; por que venda?

Quando a resposta é: porque eu preciso vender para ganhar mais, perdi meu emprego, minha família me colocou neste cargo ou algo que você foi obrigado a fazer, a solução é treinamento e busca por conhecimento, isso vai te ajudar a falar melhor e ao longo do tempo você vai perceber que vender é gostoso.

Quando a resposta é que eu tenho medo de vender porque sou tímido, lembre-se que você está ajudando pessoas, você está oferecendo a elas o que elas estão buscando, você tem o que elas precisam, você pode sim solucionar os problemas das pessoas, entenda que você está transformando a vida de cada pessoas que você está atendendo, ajudando elas a melhorarem, se sentirem bem, elas precisam de você, você está fazendo a vida delas melhor e isso é maravilhoso, você deve se sentir bem com isso.

40.   Clientes Difíceis.

Clientes difíceis não são clientes ruins, temos que saber diferenciar isso.

Basicamente, o cliente ruim é aquele que demanda muito mais tempo e esforço de venda e gera pouco ou nenhum lucro, os difíceis são os que querem consumir, estão dispostos a pagar o valor, mas que tem algum tipo de dificuldade de compra, geralmente e quase sempre, essas dificuldades são criadas pelos vendedores e foram criadas no processo de atendimento, principalmente por erro na comunicação entre vendedores e clientes.

Os dois casos mais comuns são:

1° - Quando o vendedor não é consumidor do produto ou serviço que vende, ou não pertence ao seu universo, imagine que até mesmo uma mulher jovem e sem filhos não sabe das dificuldades que uma mulher grávida passa no seu dia a dia, para tomar banho, dormir, amarrar o tênis e colocar uma calcinha, imagina um homem atendendo uma gestante. Por mais que a intenção seja atender bem, existem coisas que eles não passaram. Outro exemplo é a diferença de classe, imagine um vendedor de carro de luxo que anda de ônibus e nunca teve a experiência de tirar um carro da concessionária, o mesmo serve para roupas, serviços para festas e eventos, aluguel, viagens e até mesmo restaurantes mais seletivos. Estes clientes são mais exigentes, demandam mais tempo e buscam credibilidade na pessoa que está lhe atendendo.

Neste caso deve-se treinar muito o profissional tanto no produto que ele está vendendo quanto na experiência que o cliente está passando no momento da compra.

2° - Quando o cliente não sabe o que está procurando, pode ser uma roupa, comida, viagem entre outros. Neste caso o vendedor deve se comportar como um consultor que está ali para solucionar a dúvida do cliente e encontrar juntos uma solução para o seu problema.

Note que nestes dois casos a comunicação em forma de conversa com o cliente é fundamental para que você possa levantar informações importantes para levar o cliente até a compra.

41. Clientes Ruins
Demita seus piores Clientes.

Sim, existem clientes que você deve sim excluí-los, são diversos os tipos clientes assim, os que não dão lucros e ocupam seu tempo.

Podemos colocar como exemplo a pessoa que ocupa a mesa do seu restaurante por horas, sem consumo, como se fosse seu ambiente de trabalho, sua sala de reunião, aproveitando seu Wi-Fi. Para esses clientes devemos informá-los que cobramos couvert ou consumação mínima por hora na mesa, é uma boa tratativa para esse tipo de pessoa. Quando esses consomem e chamam mais pessoas para consumir é sempre bem-vindo, vale ganhar um cafezinho de vez em quando e até mesmo fazer vista grossa para os dias de pouco consumo.

Temos também os clientes que gostam de conversar, entram na sua loja ou escritório e estão ali para ter sua atenção e não para consumir oque você tem para oferecer. Esse tipo de cliente pode tirar sua atenção de tarefas simples e importantes do dia a dia e até mesmo fazer você atender de forma inferior os outros clientes. Em muitos casos é válido lembrar que você pode estar atraindo e fomentando esse tipo de cliente.

Existem os indecisos, que pesquisam, conversam, pensam e nunca fecham o contrato, sempre tem medo de alguma coisa, por mais que seu produto vá salvá-lo e ele saiba disso sempre estão com o pé atrás.

Em lojas de roupas eles frequentemente estão experimentando e nunca consumindo, em muitos casos, só tirando fotos para postar em suas redes sociais. Para consultores esses são clientes que demandam muito mais tempo que a média dos outros clientes, pedem várias reuniões, visitas, horas de conversas, geralmente voltam com as mesmas dúvidas, sabem que precisam do seu serviço, mas tem sempre alguma objeção. Neste caso, uma pressão deve ser aplicada nestes clientes para você ter a definição e não perder mais tempo. Em meu treinamento para consultores eu ensino estratégias para pressioná-los a fechar contrato e como identificar esse tipo de cliente.

Há também os que se sentem os reis, nos mais diversos tipos de comércios, são os que consomem, pagam, mas querem mandar, opinar ou ter um tratamento diferenciado. Para estes você tem que levar em conta o lucro que eles proporcionam, caso sejam clientes que pagam pela exclusividade são sempre bem vindos, cabe a você ter este tipo de atendimento, com valor diferenciado para um cliente que demanda mais tempo e trabalho, geralmente, estes pagam mais caro sim, aos que querem ser VIP e não pagam por isso, Adeus.

O cliente que chora preço é um caso a se estudar, se ele chora, mas paga e gera boas vendas, bem-vindo, se chora, demanda tempo e quebra seu lucro, TCHAU.

Óbvio que você deve estudar cada caso de forma estratégica e nunca ser radical, lembre-se, é sua marca que estará sendo vista pelo público.

Segundo a teoria de Pareto, 20% dos seus clientes ou do seu público podem gerar 80% dos seus lucros ou resultados, isso significa que focar nos clientes certos pode ser mais lucrativo e produtivo.

Focar nos clientes "elite", trabalhar os "medianos" e descartar os "problemáticos".

42. Estratégia Mágica.
Não existe mágica.

Como você percebeu, as ferramentas e técnicas apresentadas nesta obra são extremamente poderosas e eficientes, quando você colocar em prática perceberá a diferença nos seus resultados, mas não existe uma técnica mágica nem estratégias que sirva para todos os negócios, cada modelo de negócio, serviço ou produto tem necessidades diferentes, públicos que buscam resultados diferentes e relacionamentos diferentes. Não podemos, por exemplo, imaginar que usaremos as mesmas estratégias de um restaurante para uma clínica de estética. As ferramentas são sim eficazes e servem para todos, porém, o seu uso deve ser adaptado às suas necessidades e realidades.

A mesma empresa deve se adaptar, por exemplo, à realidade de regiões diferentes do país, época do ano, tipo de público, bairro e etc.

Um pequeno empreendedor deve se adaptar ao seu público e sua realidade.

Não tenha medo, crie sua estratégia, coloque em prática, avalie, analise, se não der resultado, modifique e coloque em prática novamente, até achar o que te serve e nunca pare de aprimorar, lembre-se, o mercado está em constante evolução, o seu cliente também.

43.   Exercício III

Listas de Referências

Esse exercício consiste em fazer uma lista para você ter um mapa visual das ações a serem tomadas ou problemas a serem resolvidos.

Neste caso, vamos usar para reforçar o aprendizado do nosso material.

- Faça uma lista dos tópicos e assuntos que você achou mais importantes.
- Liste as ações que você aprendeu neste livro e que gostaria de implementar no seu trabalho.
- Liste os erros que você identificou no seu processo.

Essas listas vão te mostrar o caminho que você deve seguir, tanto para corrigir os erros quanto para melhorar sua efetividade nas vendas.

45. Considerações.

Essas técnicas e ferramentas apresentadas neste livro devem ser adaptadas às suas necessidades e realidade, seu público, seu produto e sua região.

Por motivos de limitação física, não é possível colocar um conteúdo extenso de exemplos e exercícios neste livro, mas, caso você tenha interesse em aprofundar seu conhecimento você pode encontrar mais conteúdos em formatos de livros, aulas e mentorias em meu canal, onde você encontra a coleção de conteúdos para vendas, livros de ferramentas poderosas e vagas para grupos de estudo.
Não esqueça de me mandar seu feed-back falando de como esta obra foi útil para você e quais as implementações você fez no seu processo.

Obrigado por me acompanhar até aqui.

André Marques.

www.ingramcontent.com/pod-product-compliance
Lightning Source LLC
Chambersburg PA
CBHW071049220526
45467CB00004B/1751